Enciclopedia del saber
Nuestro mundo

Julia Bruce

LIBSA

© 2010, Editorial LIBSA
C/ San Rafael, 4
28108 Alcobendas. Madrid
Tel. (34) 91 657 25 80
Fax (34) 91 657 25 83
e-mail: libsa@libsa.es
www.libsa.es

ISBN: 978-84-662-2036-1

Derechos exclusivos de edición para
todos los países de habla española

TRADUCCIÓN: M.ª Jesús Sevillano Ureta

ILUSTRACIONES: Nicky Palin

© MMV, Orpheus Books Limited

TÍTULO ORIGINAL: *Our World*

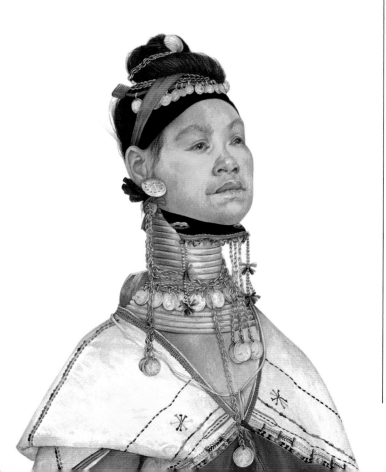

CONTENIDO

INTRODUCCIÓN

El mundo es el hogar de muchos pueblos distintos. Desde los indígenas de la selva tropical del Amazonas hasta los ejecutivos japoneses que van a trabajar en tren todos los días, las personas viven de modos muy diferentes. Con este libro vamos a hacer un viaje por todo el mundo para conocer a los habitantes de cada continente y descubrir las tierras en las que viven.

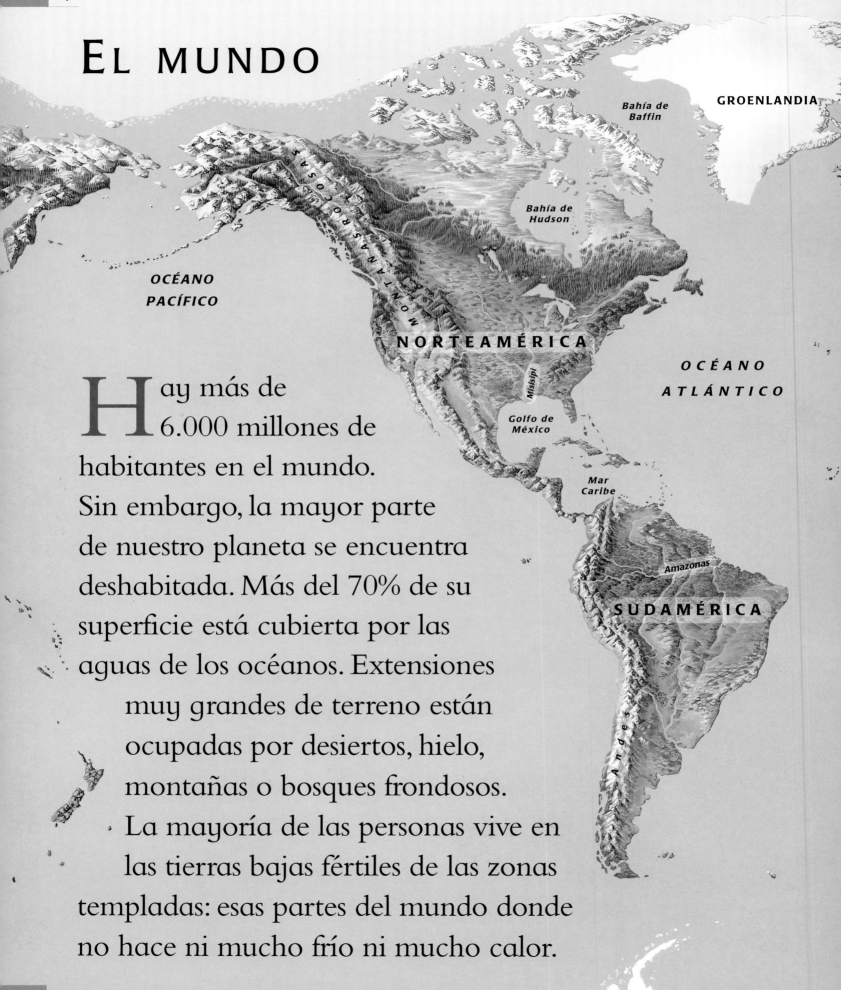

EL MUNDO

GROENLANDIA

Bahía de Baffin

Bahía de Hudson

OCÉANO PACÍFICO

MONTANAS ROCOSAS

NORTEAMÉRICA

OCÉANO ATLÁNTICO

Misisipí

Golfo de México

Mar Caribe

Amazonas

SUDAMÉRICA

Andes

Hay más de 6.000 millones de habitantes en el mundo. Sin embargo, la mayor parte de nuestro planeta se encuentra deshabitada. Más del 70% de su superficie está cubierta por las aguas de los océanos. Extensiones muy grandes de terreno están ocupadas por desiertos, hielo, montañas o bosques frondosos. La mayoría de las personas vive en las tierras bajas fértiles de las zonas templadas: esas partes del mundo donde no hace ni mucho frío ni mucho calor.

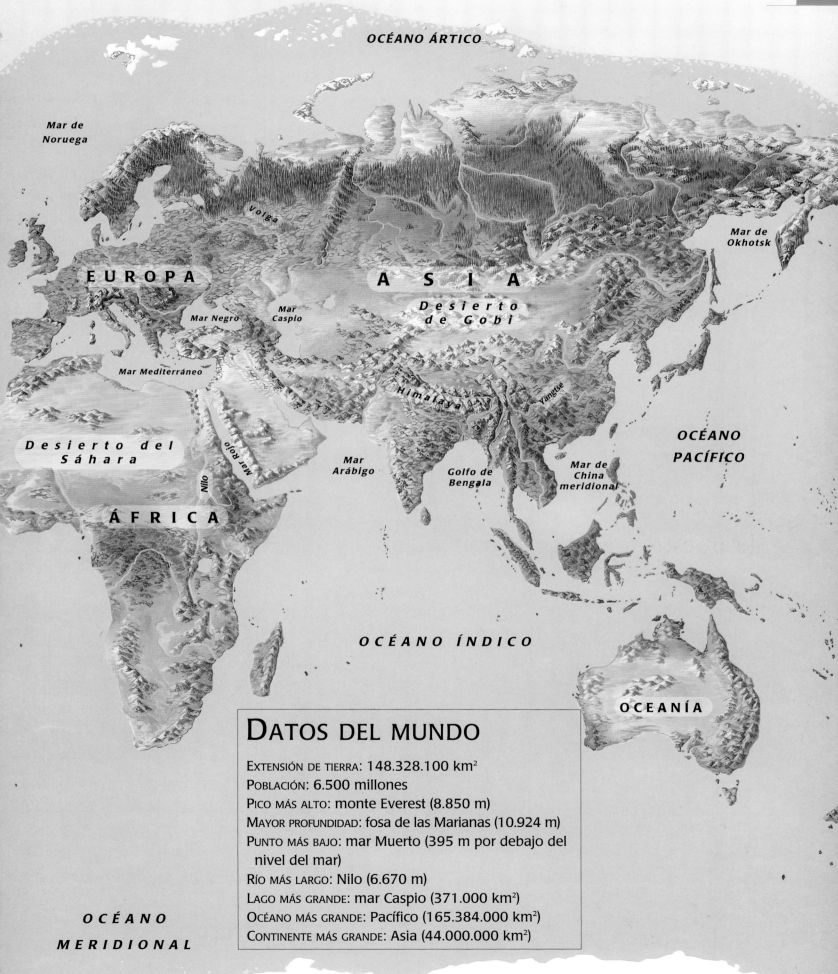

OCÉANO ÁRTICO

Mar de
Noruega

Mar de
Okhotsk

Volga

E U R O P A

A S I A

*D e s i e r t o
d e   G o b i*

Mar Negro

Mar
Caspio

Mar Mediterráneo

H i m a l a y a

Yangtsé

OCÉANO
PACÍFICO

*D e s i e r t o   d e l
S á h a r a*

Mar Rojo

Nilo

Mar
Arábigo

Golfo de
Bengala

Mar de
China
meridional

Á F R I C A

OCÉANO ÍNDICO

OCEANÍA

DATOS DEL MUNDO

EXTENSIÓN DE TIERRA: 148.328.100 km²

POBLACIÓN: 6.500 millones

PICO MÁS ALTO: monte Everest (8.850 m)

MAYOR PROFUNDIDAD: fosa de las Marianas (10.924 m)

PUNTO MÁS BAJO: mar Muerto (395 m por debajo del
   nivel del mar)

RÍO MÁS LARGO: Nilo (6.670 m)

LAGO MÁS GRANDE: mar Caspio (371.000 km²)

OCÉANO MÁS GRANDE: Pacífico (165.384.000 km²)

CONTINENTE MÁS GRANDE: Asia (44.000.000 km²)

OCÉANO

MERIDIONAL

ANTÁRTIDA

NORTEAMÉRICA

El continente de Norteamérica comprende Canadá, Estados Unidos, México y los países de América central. Se extiende desde las tierras heladas de Alaska situadas al norte hasta las selvas tropicales calurosas de Panamá al sur.

Un caribú pasa por debajo de un oleoducto en Alaska que mide 1.300 km de longitud.

El Canal de Panamá se abrió en 1914. Esta vía de agua de 80 km une el océano Atlántico con el océano Pacífico. Tardaron diez años en terminarlo y más de 20.000 personas murieron mientras trabajaban en su construcción.

LOS EVERGLADES

Los Everglades de Florida (Estados Unidos) son unas llanuras pantanosas. Se encuentran cerca de varias grandes ciudades. La mayor parte de los Everglades está protegida hoy en día por la fauna única que vive en ellas; entre otros animales se encuentran zancudas, cocodrilos, caimanes y la rara pantera de Florida.

OCÉANO ÁRTICO

ALASKA (EE.UU.)
Monte McKinley

Isla Victoria

Isla de Baffin

YUKÓN

NUNAVUT

TERRITORIOS DEL NOROESTE

Bahía de Hudson

ALBERTA

TERRANOVA

COLUMBIA BRITÁNICA

C A N A D Á

TERRANOVA

ISLA PRÍNCIPE EDUARDO

SASKATCHEWAN

ONTARIO

QUEBEC

WASHINGTON

MONTANA

DAKOTA DEL NORTE

MINESOTA

NUEVA BRUNSWICK

MAINE

NUEVA ESCOCIA

OREGÓN

VERMONT

NUEVA HAMPSHIRE

IDAHO

WYOMING

DAKOTA DEL SUR

WISCONSIN

MICHIGAN

NUEVA YORK

MASSACHUSETTS

RHODE ISLAND

CONNECTICUT

NEVADA

NÉBRASKA

IOWA

ILLINOIS

OHIO

PENSILVANIA

NUEVA JERSEY

CALIFORNIA

UTAH

Colorado

COLORADO

Misuri

E S T A D O S   U N I D O S

MARYLAND

DELAWARE

Washington, D.C.

INDIANA

VIRGINIA DEL OESTE

VIRGINIA

KANSAS

MISURI

KENTUCKY

D E   A M É R I C A

CAROLINA DEL NORTE

ARIZONA

OKLAHOMA

TENNESSEE

CAROLINA DEL SUR

NUEVO MÉXICO

ARKANSAS

Misisipi

ALABAMA

GEORGIA

TEXAS

MISISIPI

LUISIANA

FLORIDA

OCÉANO ATLÁNTICO

OCÉANO PACÍFICO

M O N T A Ñ A S   R O C O S A S

Golfo de México

BAHAMAS

PUERTO RICO (USA)

ANGUILLA (Reino Unido)

ANTIGUA

CUBA

GUADALUPE (Francia)

HAITI

REPÚBLICA DOMINICANA

SAN CRISTÓBAL Y NIEVES

DOMINICA

Martinica (Francia)

SANTA LUCÍA

JAMAICA

SAN VICENTE

MÉXICO

BELICE

Mar Caribe

LAS GRANADINAS

TRINIDAD Y TOBAGO

GUATEMALA

HONDURAS

EL SALVADOR

NICARAGUA

COSTA RICA

PANAMÁ

El Ferrocarril del Pacífico de Canadá cruza serpenteando las montañas Rocosas.

Los cactus se ven con frecuencia en los desiertos de México. Almacenan agua en sus tallos carnosos.

DATOS DE NORTEAMÉRICA

ÁREA: 24.250.000 km²
POBLACIÓN: 510 millones
PICO MÁS ALTO: monte McKinley (6.194 m)
RÍO MÁS LARGO: Misisipi-Misuri (6.021 km)

Vida en Norteámerica

Por tradición, los esquimales de Alaska, Groenlandia y norte de Canadá son pescadores y cazadores de focas y ballenas.

S e estima que hace entre 15.000 y 30.000 años llegaron a Norteamérica los primeros seres humanos desde Asia. En los últimos 500 años inmigrantes de Europa, África y Asia se han unido a los pueblos indígenas que habitaban allí.

Jugador de béisbol de Estados Unidos.

Tierra fértil

Áreas muy grandes de Estados Unidos y Canadá están cubiertas de terreno agrícola. En la región de las Grandes Llanuras se cultiva trigo y maíz. En el sur el algodón es el cultivo más importante. En esta ilustración el algodón se está cosechando a máquina.

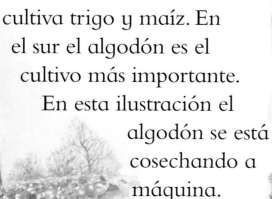

Norteamérica moderna: la Aguja del Espacio de Seattle mide 184 m de altura.

ARTESANÍA

En México y Guatemala el antiguo oficio de tejer se remonta a hace cientos de años. La mujer de esta ilustración está utilizando un telar de cuerda. Uno de los extremos se ata alrededor de la cintura y el otro se sujeta al tejado. Esto les ayuda a mantener bien estirado el tejido. Va vestida con el huipil, una blusa tradicional tejida a mano.

La música es parte de la vida del Caribe. Estos músicos de Trinidad tocan tambores de acero fabricados con latas de aceite usadas. El origen de los caribeños se encuentra en los esclavos procedentes de África que trabajaban en las plantaciones de azúcar y plátano.

CULTIVO DEL PLÁTANO

El cultivo del plátano es importante en América central y en el Caribe. Los colonos españoles llevaron las primeras plantas de plátano a América en el siglo XVI. En esta ilustración los agricultores cubren la planta con bolsas para protegerla de las plagas de insectos.

SUDAMÉRICA

Sudamérica está unida a Norteamérica por una estrecha franja de tierra. Se extiende desde el sur del cálido mar del Caribe hasta llegar a sólo 500 km de la Antártida. La selva tropical del Amazonas ocupa la mayor parte del norte de este continente. Se han talado enormes zonas de árboles para obtener madera o tierra de cultivo.

Las alas del cóndor miden 3 m cuando están abiertas. Sobrevuela las montañas de los Andes en busca de carroña (animales muertos).

CHABOLISMO

Muchos habitantes de Sudamérica se han trasladado a las grandes ciudades en busca de trabajo. Como a muchos de ellos les resulta difícil encontrar un lugar donde vivir, han construido sus propias casas con madera y metal. En los límites de algunas ciudades han crecido mucho estos grandes barrios de chabolas.

OCÉANO
PACÍFICO

OCÉANO
ATLÁNTICO

VENEZUELA

GUYANA

GUAYANA
FRANCESA

COLOMBIA

SURINAM

ECUADOR

Islas Galápagos
(Ecuador)

Amazonas

Selva Amazónica

PERÚ

B R A S I L

Mujer india
de Perú con
el traje
tradicional.

BOLIVIA

A n d e s

PARAGUAY

C H I L E

▲ Aconcagua

URUGUAY

ARGENTINA

P a t a g o n i a

Islas Malvinas
(Reino Unido)

DATOS DE SUDAMÉRICA

ÁREA: 17.663.000 km²
POBLACIÓN: 365 millones
PICO MÁS ALTO: Aconcagua (6.960 m)
RÍO MÁS LARGO: Amazonas (6.451 km)

RÍO AMAZONAS

El río Amazonas nace en los
Andes y sus aguas fluyen
por una vasta selva hacia el
océano Atlántico. Este gran
río lleva una quinta parte
de toda el agua dulce del
mundo.

Los desfiles de
colores vivos que
recorren las calles
forman parte del
Carnaval que se
celebra en Río de
Janeiro (Brasil).

EUROPA

Europa se extiende desde Islandia y Laponia por el norte hasta las tierras cálidas de Italia y Grecia por el sur. Los montes Urales marcan la frontera con Asia por el este. El paisaje de Europa es muy variado: desde montañas escarpadas y campos ondulados hasta bosques densos, volcanes humeantes y glaciares helados.

A lo largo de la costa de Noruega hay muchas ensenadas con laderas empinadas. Se llaman fiordos. Fueron formados por los glaciares de la Edad de Hielo hace miles de años.

GRECIA ANTIGUA

En el año 500 a.C. Grecia albergaba una gran civilización. Aún se pueden ver hoy en día las ruinas de muchos edificios. Estas ruinas son del templo de Apolo en Delfos. Las personas iban allí a hablar con el oráculo (un sacerdote que predecía el futuro).

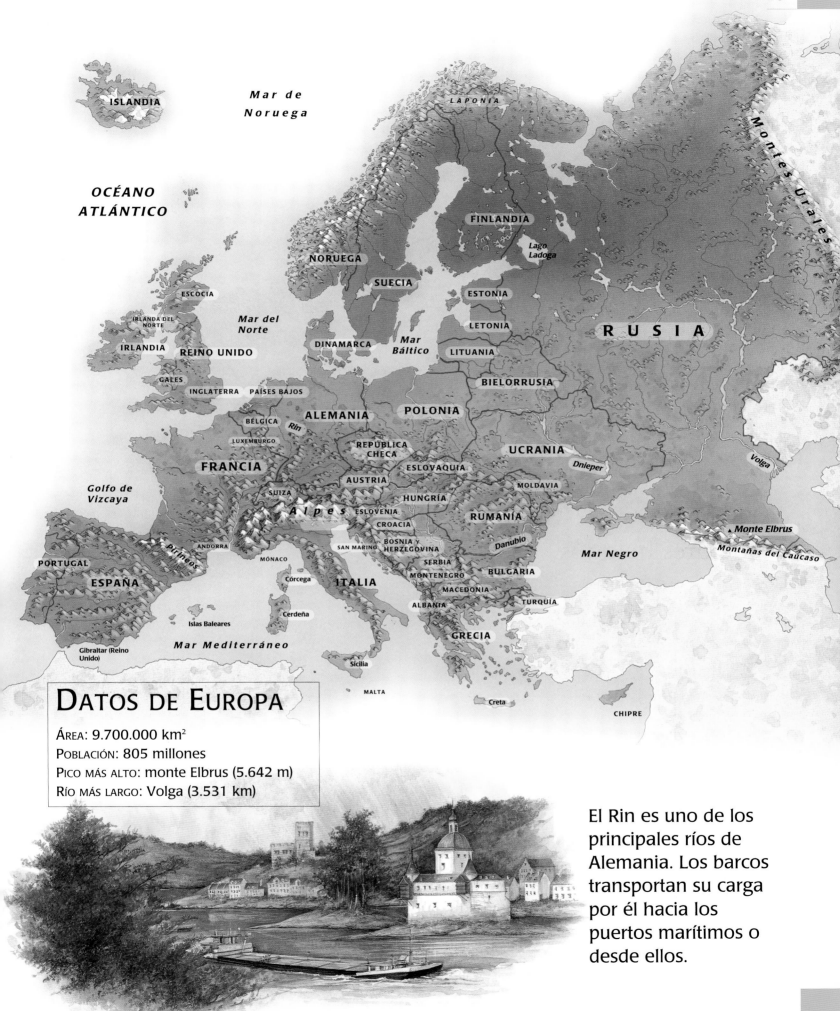

ISLANDIA

Mar de Noruega

OCÉANO ATLÁNTICO

LAPONIA

Montes Urales

FINLANDIA

NORUEGA

Lago Ladoga

ESCOCIA

SUECIA

ESTONIA

IRLANDA DEL NORTE

Mar del Norte

DINAMARCA

Mar Báltico

LETONIA

R U S I A

IRLANDA

REINO UNIDO

LITUANIA

GALES

BIELORRUSIA

INGLATERRA   PAÍSES BAJOS

BÉLGICA

ALEMANIA

Rin

POLONIA

LUXEMBURGO

REPÚBLICA CHECA

UCRANIA

Dnieper

Volga

FRANCIA

ESLOVAQUIA

AUSTRIA

SUIZA

HUNGRÍA

MOLDAVIA

Golfo de Vizcaya

A l p e s

ESLOVENIA

CROACIA

Pirineos

ANDORRA

SAN MARINO

BOSNIA Y HERZEGOVINA

Danubio

RUMANÍA

▲ *Monte Elbrus*

Montañas del Caúcaso

PORTUGAL

MÓNACO

SERBIA

Mar Negro

ESPAÑA

Córcega

ITALIA

MONTENEGRO

BULGARIA

MACEDONIA

TURQUÍA

Islas Baleares

ALBANIA

Gibraltar (Reino Unido)

Cerdeña

Mar Mediterráneo

GRECIA

Sicilia

MALTA

Creta

CHIPRE

DATOS DE EUROPA

ÁREA: 9.700.000 km²
POBLACIÓN: 805 millones
PICO MÁS ALTO: monte Elbrus (5.642 m)
RÍO MÁS LARGO: Volga (3.531 km)

El Rin es uno de los principales ríos de Alemania. Los barcos transportan su carga por él hacia los puertos marítimos o desde ellos.

Vida en el norte de Europa

El océano Atlántico es el responsable del tiempo húmedo y templado de los países del norte de Europa. Las tierras bajas son un mosaico de cultivos y pastos, mientras que las tierras altas están cubiertas de bosques o páramos. En el norte de Europa hay muchas ciudades industriales.

Los sami de Laponia, al norte de Escandinavia, eran pastores de renos. Hoy en día muy pocos continúan con este tradicional estilo de vida.

Ciudad de canales

Ámsterdam, en los Países Bajos, era la ciudad más rica del mundo en el siglo XVII. Consiguió gran parte de esa fortuna comprando y vendiendo bulbos de tulipanes. Ciudad de hermosos edificios antiguos, se encuentra situada sobre una red de canales que podemos cruzar por muchos puentes.

STONEHENGE

Nadie sabe con seguridad para qué se construyó Stonehenge, en Reino Unido. Pudo haber sido un centro de adoración o un lugar desde donde observar las estrellas. Se construyó hacia el año 2.500 a.C. Las enormes piedras que lo componen se llevaron allí desde una distancia de 300 km.

Muchas iglesias de los Alpes austriacos tienen la cúpula en forma de cebolla.

CRISTIANISMO EN EUROPA

El norte de Europa es una región principalmente cristiana. En algunos países son más numerosos los protestantes y en otros los católicos. En muchos pueblos y ciudades de Europa, la iglesia suele ser uno de los edificios más antiguos y su torre es la altura mayor. El cristianismo llegó al norte de Europa entre los siglos VI y IX.

Vida en el sur de Europa

Los países que se encuentran a orillas del mar Mediterráneo y del mar Negro al sur de Europa disfrutan de un clima templado. Los centros turísticos bordean las costas, mientras que en el interior hay olivos, huertos y viñas.

En Portugal la corteza del roble se utiliza para hacer los tapones de corcho de las botellas de vino. Los trabajadores quitan la corteza esponjosa, que después se cuece al vapor y se prensa para hacer el corcho.

TORRE INCLINADA

El hermoso campanario de Pisa, al norte de Italia, se inclina formando un ángulo. Empezó a inclinarse durante su construcción en el siglo XII porque el suelo que hay bajo ella es muy blando. Hoy en día se trabaja en los cimientos para conseguir que la torre inclinada aguante muchos años más.

BARCELONA

Esta impresionante iglesia se llama la Sagrada Familia y se encuentra en Barcelona, capital de Cataluña (España). La iglesia fue diseñada por el arquitecto catalán Antonio Gaudí. Las torres de aguja se elevan hasta 115 m. Aún está sin terminar, aunque empezó a construirse a principios del siglo XX.

LOS BALCANES

En el sudeste de Europa, la zona conocida como los Balcanes posee una gran variedad de lenguas y religiones. Esta chica musulmana *(derecha)* de Bosnia y Herzegovina lleva puesto el pañuelo tradicional en la cabeza.

El juego de la petanca es muy popular en Francia. Los jugadores lanzan bolas de metal huecas hacia una bola de madera más pequeña. Gana el que más se acerca a la bolita.

VIDA EN EUROPA CENTRAL Y DEL ESTE

En el corazón de Europa, lejos de los vientos cálidos del mar Mediterráneo, los inviernos son mucho más fríos. Una llanura baja, de tierra de cultivo en su mayoría, cruza Europa central desde el norte de Alemania hasta los montes Urales de Rusia situados al este.

INDUSTRIA LOCAL

El soplado de vidrio es una industria artesana tradicional de Polonia. En esta ilustración un soplador experto ha dado forma a una gota candente de vidrio derretido soplando aire en su interior por medio de un tubo de metal largo.

La capital de Hungría es Budapest y se encuentra a orillas del río Danubio.

RUSIA

Rusia es el país más grande del mundo en extensión. La parte occidental, donde se concentra la mayoría de la población, está en Europa. La parte oriental, que llega casi hasta Norteamérica, se encuentra en Asia. Esta zona, llamada Siberia, es un terreno vasto y vacío cubierto sobre todo de bosques y montañas. Limita al norte con el océano Ártico. Hace tanto frío en esta zona que la tierra siempre está congelada.

La catedral de San Basilio es uno de los monumentos más coloridos de la plaza Roja de Moscú, capital de Rusia.

El Transiberiano recorre 9.388 km desde Vladivostok hasta Moscú. Es la línea de ferrocarril más larga del mundo.

PUEBLOS DEL NORTE

Esta mujer es del nordeste de Siberia. Se protege del frío intenso con un pañuelo en la cabeza y un abrigo de piel de reno. Su pueblo, los nenets, todavía vive de cuidar rebaños de renos en la zona desarbolada conocida como tundra.

ASIA

Asia es el continente más grande del mundo. Su extensión ocupa casi la mitad de la parte superior de la Tierra; llega desde el Ártico hasta el Ecuador. La montaña más alta del mundo, el monte Everest, forma parte de la cadena montañosa del Himalaya. El punto más bajo de la Tierra, el mar Muerto, también se encuentra en Asia.

La Gran Muralla china serpentea por las colinas y montañas del norte de China. Empezó a construirse hace más de 2.000 años y ha sido reconstruida muchas veces desde entonces.

CULTIVO DEL ARROZ

El agricultor siembra el arroz en un arrozal, que es un campo encharcado. El arroz necesita abundante agua para crecer, así que los arrozales se suelen encontrar en zonas llanas próximas a los ríos. En las regiones montañosas, el arroz se cultiva en terrazas inundadas que se construyen en las laderas de montañas o colinas. Para la mitad de la población mundial (la mayoría vive en Asia) el arroz es su alimento principal.

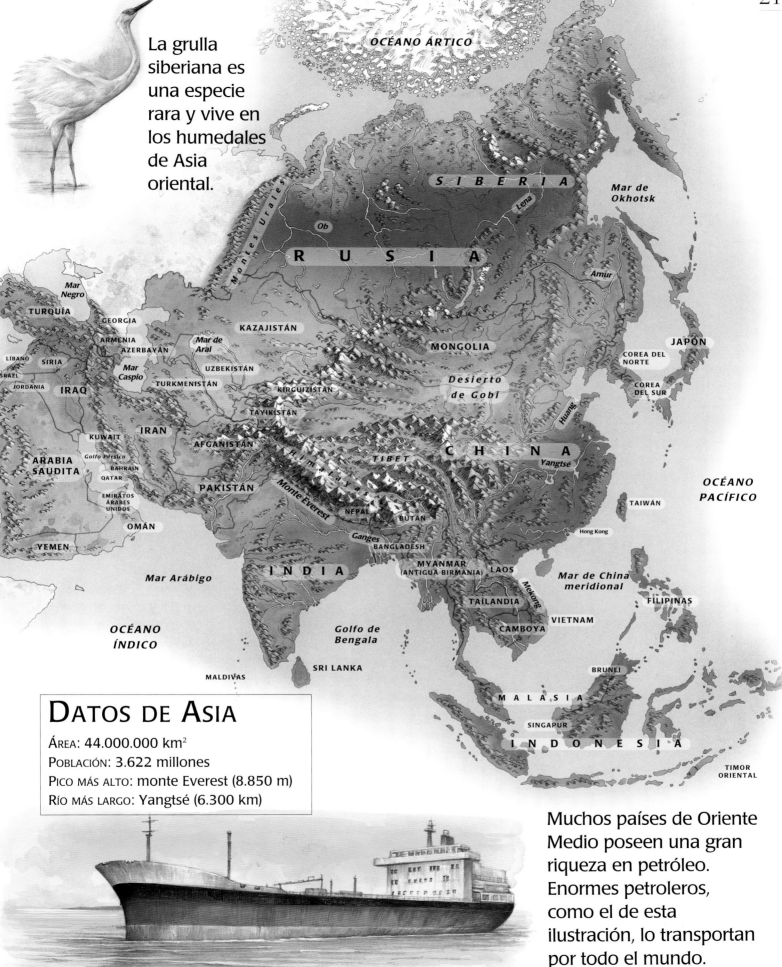

La grulla siberiana es una especie rara y vive en los humedales de Asia oriental.

DATOS DE ASIA

ÁREA: 44.000.000 km²
POBLACIÓN: 3.622 millones
PICO MÁS ALTO: monte Everest (8.850 m)
RÍO MÁS LARGO: Yangtsé (6.300 km)

Muchos países de Oriente Medio poseen una gran riqueza en petróleo. Enormes petroleros, como el de esta ilustración, lo transportan por todo el mundo.

VIDA EN ASIA MERIDIONAL

En la mayor parte de la zona comprendida entre Turquía y la India el clima es caluroso. Hay grandes extensiones de desierto y montañas. La mayoría de la población vive en las llanuras fértiles o cerca del mar.

NÓMADAS BEDUINOS

En el pasado el pueblo beduino iba de oasis en oasis por los desiertos árabes en busca de agua y dehesas para sus cabras, ovejas y camellos. Hoy en día, la mayoría de los beduinos vive y trabajan en ciudades.

Un hombre turco gira una y otra vez en una danza llena de energía. A estos fieles musulmanes se les llama derviches.

RASCACIELOS

Estos edificios altos y bonitos de Saná, capital de Yemen, se construyeron hace más de 500 años con piedra y adobe. Algunos edificios tienen más de ocho pisos de altura.

SAMARCANDA

La antigua ciudad de Samarcanda se encuentra en Uzbekistán. Hace años se hizo muy rica y poderosa gracias al comercio. Todavía están en pie muchas partes de la ciudad antigua, entre ellas se encuentra esta madraza *(madrasa),* que es una escuela musulmana.

RÍO SAGRADO

La mayoría de la población de la India practica la religión hindú. Los hindúes tienen muchos dioses y templos sagrados. Benarés es una de las ciudades más sagradas de la India. Millones de personas la visitan cada año. Está dedicada a la diosa Shiva. En esta ciudad los peregrinos se bañan en las aguas sagradas del río Ganges *(derecha)* para limpiar sus pecados. También echan sus cenizas al río cuando mueren.

VIDA EN ASIA ORIENTAL

Asia oriental se extiende desde las llanuras secas del sur de Mongolia hasta las selvas tropicales de Indonesia. China es el país más poblado del mundo, tiene más de 1.300 millones de habitantes.

Esta mujer del Tíbet está haciendo mantequilla con leche de yak.

En Java (Indonesia) los espectáculos de títeres de sombra, los *wayang,* son muy populares. Están hechos de cuero y se controlan con palos sujetados a sus brazos. ¡Los espectáculos pueden durar varias horas!

EL TECHO DEL MUNDO

El Tíbet se encuentra al suroeste de China y es la zona más elevada del mundo. El clima es muy frío y seco. Algunos habitantes del Tíbet todavía viven de cuidar ganados de yaks (bóvido pequeño y robusto de abundante pelaje largo).

CUELLOS DE METAL

Las mujeres de Padaung, en Myanmar (antigua Birmania), llevan aros de metal en el cuello para hacerlos más largos. No se pueden quitar los anillos porque los músculos de sus cuellos se han debilitado tanto que no podrían soportar el peso de la cabeza.

Japón

La mayoría de los japoneses vive en ciudades. La capital, Tokio, es una de las ciudades más grandes y más habitadas del mundo. Algunas veces subir al tren o al metro en hora punta puede resultar difícil.

Religión y creencias

El budismo es una de las principales religiones de Asia oriental. Se basa en las enseñanzas de Siddhartha Gautama, un príncipe de la India que vivió hace 2.500 años. Insta a sus fieles a que mediten y sean amables y buenos en la vida. Esta pagoda *(izquierda),* que es un santuario budista, se encuentra en Japón. El sintoísmo es una religión japonesa y sus fieles adoran a muchos dioses y espíritus. Los seguidores del islam, religión principal de Malasia e Indonesia, se llaman musulmanes. Realizan el culto en las mezquitas.

Pescar con pájaros

Este pescador chino utiliza unos pájaros buceadores que se llaman cormoranes para que pesquen por él. Les ata cintas alrededor del cuello para que no se traguen los peces que capturan. Cuando vuelven al bote, el hombre agarra al pez.

OCEANÍA

O ceanía no está formada por una única masa de tierra como África o Asia. Está compuesta por Australia, las islas del océano Pacífico, Papúa Nueva Guinea y Nueva Zelanda. La mayor parte del interior de Australia es desierto. Nueva Zelanda es la más montañosa.

El puente del puerto de Sídney es una de las construcciones más conocidas de Australia. Es el puente de acero de un solo arco más grande del mundo.

ISLAS MARSHALL

ISLAS CAROLINAS

NAURU

KIRIBATI

▲ *Monte Wilhelm*
PAPÚA
NUEVA
GUINEA

ISLAS
SALOMÓN

TUVALU

ISLAS TOKALAU
(Nueva
Zelanda)

SAMOA

SAMOA
AMERICANA

VANUATU

NUEVA
CALEDONIA
(Francia)

FIJI

TONGA

NIUE
(NUEVA
ZELANDA)

ISLAS COOK
(Nueva
Zelanda)

POLINES

TERRITORIO
DEL NORTE

QUEENSLAND

AUSTRALIA

AUSTRALIA
OCCIDENTAL

AUSTRALIA MERIDIONAL

Darling

NUEVA
GALES DEL
SUR

Murray

TERRITORIO
CAPITAL DE
AUSTRALIA

VICTORIA

NUEVA
ZELANDA

TASMANIA

DATOS DE OCEANÍA

ÁREA: 8.923.000 km²
POBLACIÓN: 33 millones
PICO MÁS ALTO: monte Wilhelm (4.509 m)
RÍO MÁS LARGO: Murray-Darling (3.750 km)

GANADERIA OVINA

Existe una gran industria de ganadería ovina tanto en Australia como en Nueva Zelanda. En esta ilustración un esquilador experto esquila el vellón de un carnero merino, una raza muy apreciada por su lana espesa y sedosa. La cantidad de ovejas que hay en Australia y Nueva Zelanda es siete veces superior al número de habitantes.

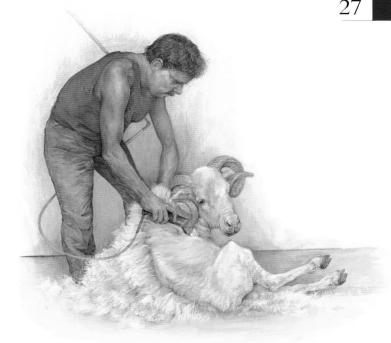

PUEBLOS DEL PACÍFICO

Todos los pueblos indígenas del Pacífico, Nueva Zelanda y Australia proceden del sudeste de Asia. Es posible que fueran los primeros pueblos en viajar por mar a grandes distancias. Los aborígenes llevan viviendo en Australia desde hace 50.000 años. Se cree que los maoríes de Nueva Zelanda *(izquierda)* llegaron allí hace unos 1.000 años. Los maoríes a Nueva Zelanda la llaman *Aotearoa*, que significa la tierra de la larga nube blanca.

ISLAS
MARQUESAS

RANCESA

ISLA PITCAIRN
(Reino Unido)

ISLA DE
PASCUA
(Chile)

Los canguros se alejan saltando del tráiler que pasa por la carretera. El tráiler transporta mercancías por el territorio despoblado de Australia, una gran extensión de praderas secas.

ÁFRICA

En la mayor parte de África hace calor durante todo el año. Hay grandes desiertos en el norte y el sudoeste del continente. Las selvas tropicales y las praderas cubren la parte central.

EL SÁHARA

El Sáhara, situado en el norte de África, es el desierto más grande y caluroso del mundo. Está formado principalmente de roca y arena. Un oasis es un lugar del desierto donde hay agua en la superficie. En esta ilustración se ha dibujado una ciudad al lado de un oasis.

La pradera de África oriental, una mezcla de hierbas y árboles, se llama sabana. En ella habitan muchos animales salvajes, como leones, jirafas y cebras.

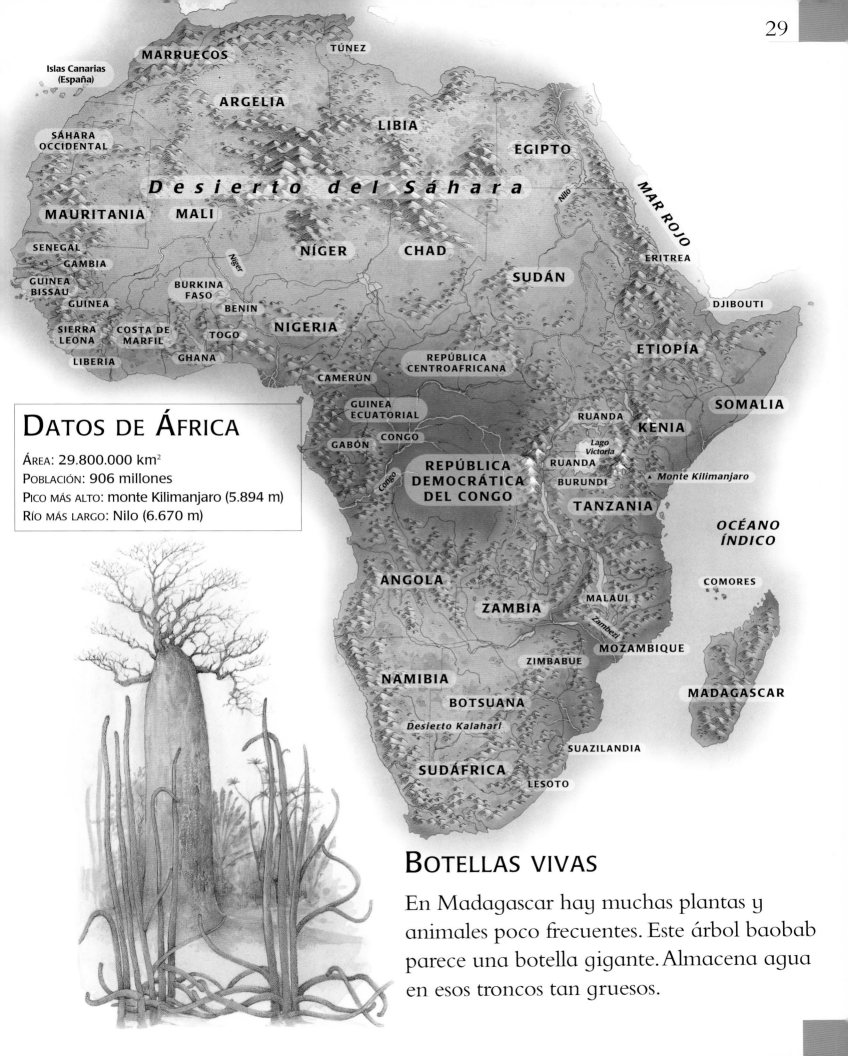

MARRUECOS

TÚNEZ

Islas Canarias
(España)

ARGELIA

LIBIA

EGIPTO

SÁHARA
OCCIDENTAL

Desierto del Sáhara

Nilo

MAR ROJO

MAURITANIA

MALI

NÍGER

CHAD

ERITREA

SENEGAL

GAMBIA

SUDÁN

DJIBOUTI

GUINEA
BISSAU

BURKINA
FASO

GUINEA

BENIN

NIGERIA

ETIOPÍA

SIERRA
LEONA

COSTA DE
MARFIL

TOGO

REPÚBLICA
CENTROAFRICANA

LIBERIA

GHANA

CAMERÚN

SOMALIA

GUINEA
ECUATORIAL

RUANDA

KENIA

DATOS DE ÁFRICA

ÁREA: 29.800.000 km²

POBLACIÓN: 906 millones

PICO MÁS ALTO: monte Kilimanjaro (5.894 m)

RÍO MÁS LARGO: Nilo (6.670 m)

CONGO

GABÓN

Lago
Victoria

Congo

REPÚBLICA
DEMOCRÁTICA
DEL CONGO

RUANDA

▲ *Monte Kilimanjaro*

BURUNDI

TANZANIA

*OCÉANO
ÍNDICO*

COMORES

ANGOLA

MALAUI

Zambezi

ZAMBIA

MOZAMBIQUE

ZIMBABUE

NAMIBIA

MADAGASCAR

BOTSUANA

Desierto Kalahari

SUAZILANDIA

SUDÁFRICA

LESOTO

BOTELLAS VIVAS

En Madagascar hay muchas plantas y animales poco frecuentes. Este árbol baobab parece una botella gigante. Almacena agua en esos troncos tan gruesos.

Vida en África

La población de África está aumentando deprisa. Algunos africanos mantienen su estilo de vida tradicional. Los wodaabes de Níger *(derecha)* viven del pastoreo. Los hombres se pintan para las danzas de cortejo.

Religión

Muchos pueblos del norte de África son musulmanes. En el resto de África la religión más extendida es el cristianismo. Algunos pueblos todavía siguen sus creencias tradicionales. En el Congo se utilizan máscaras como esta en danzas religiosas.

En el mercado

Estas mujeres de África occidental han llevado cestas de fruta sobre sus cabezas para venderlas en el mercado de la ciudad. En el oeste de África hay mucha tierra de cultivo fértil. El café, los cacahuetes y el cacao que producen se exportan a países de todo el mundo.

Masais

Los masais de África oriental son pastores y agricultores. Viven en pueblos pequeños. Los niños y jóvenes de la tribu cuidan del ganado. Una de las tareas de las mujeres es construir las casas con barro y ramas de árboles. También es famosa su hermosa joyería de cuentas o abalorios.

Bereberes

Los bereberes han vivido en el norte de África desde hace milenios. Todos los años las tribus que viven en las montañas se reúnen en un encuentro especial. Compran y venden bienes y organizan matrimonios. Esta chica va vestida para una ceremonia de compromiso.

En el sur de África muchos hombres trabajan en las minas. África posee una gran riqueza de minerales, como el cobre, el oro y el hierro. Los mineros de la ilustración están extrayendo diamantes de la roca a una gran profundidad. Es un trabajo difícil y peligroso.